Las asombrosas alas de los animales

Grace Hansen

Abdo Kids Jumbo es una subdivisión de Abdo Kids
abdobooks.com

abdobooks.com

Published by Abdo Kids, a division of ABDO, P.O. Box 398166, Minneapolis, Minnesota 55439.

Printed in China

102025

012026

Spanish Translator: Maria Puchol

Photo Credits: Getty Images, Shutterstock

Production Contributors: Teddy Borth, Jennie Forsberg, Grace Hansen
Design Contributors: Candice Keimig, Pakou Moua

Library of Congress Control Number: 2025941967

Publisher's Cataloging-in-Publication Data

Names: Hansen, Grace, author.

Title: Las asombrosas alas de los animales/ by Grace Hansen

Other title: Different wings of animals. Spanish

Description: Minneapolis, Minnesota: Abdo Kids, 2026. | Series: Asombrosas características de los animales | Includes online resources and index.

Identifiers: ISBN 9798384908814 (lib.bdg.) | ISBN 9798384909392 (ebook)

Subjects: LCSH: Animals--Juvenile literature. | Body composition--Juvenile literature. | Wings (Anatomy) --Juvenile literature. | Zoology--Juvenile literature. | Spanish Language Materials--Juvenile literature.

Classification: DDC 591.1--dc23

Contenido

Aves no voladoras

Los pingüinos y las avestruces son aves no voladoras. Aunque eso no significa que sus alas sean inútiles.

Las alas de los pingüinos son largas, finas y rígidas. Son perfectas para planear y **propulsarse** por el agua. En tierra, el pingüino usa las alas para no perder el equilibrio al caminar.

Las alas de las avestruces tienen muchas plumas de diferentes tamaños. Les sirven para mantener el equilibrio al correr, para comunicarse y para atraer a su **pareja**.

Mamíferos voladores

Las alas de los murciélagos son **únicas**. Están formadas de huesos y piel muy fina llamada patagio. El patagio es resistente y flexible.

Algunos murciélagos tienen alas largas y estrechas. Estas alas sirven para vuelos rápidos y largos. Otros murciélagos las tienen cortas y **anchas**. Estas alas sirven para vuelos **ágiles**.

zorro volador de Lyle

murciélago orejudo gris

Insectos

Los escarabajos tienen dos pares de alas. Las alas exteriores se llaman élitros, protegen el cuerpo y las alas interiores. Las alas interiores son blandas y sirven para volar.

ala interior
élitros

Las alas de las mariposas son grandes y **delicadas**. Tienen colores y diseños. Cada lado del ala puede tener un aspecto diferente.

La parte superior de las alas puede ser colorida y vistosa. Las mariposas utilizan este lado para comunicarse. La parte inferior suele tener colores **apagados**. Este lado se utiliza para ocultarse.

Las libélulas son conocidas por ser de los mejores animales voladores de la Tierra. Tienen dos pares de alas alargadas. Pueden planear y volar en todas direcciones.

Alas en acción

alas de vuelo activas

- largas y estrechas
- las aves permanecen en el aire durante largos periodos de tiempo sin aletear, lo que les ayuda a ahorrar energía

alas elípticas

- las mejores para giros bruscos y velocidades bajas
- perfectas para aves que despegan y aterrizan con frecuencia

alas remeras

- pequeñas
- construidas para el vuelo estacionario y concentrado

alas de alta velocidad

- largas, delgadas y puntiagudas
- para aletear rápidamente
- perfectas para aves que vuelan largas distancias

alas de vuelo pasivo

- a menudo se ven en grandes aves que vuelan tierra adentro
- son un poco más pequeñas y anchas que las alas de vuelo activo
- las plumas de los extremos de cada ala se abren en abanico para **elevarse** utilizando el aire caliente

Glosario

ágil – que se mueve con soltura y rapidez.

ancho – amplio, grande.

apagado – que falta intensidad o vitalidad. Sin brillo, poco vivo.

elevarse – volar o planear a gran altura de una manera fácil y veloz.

pareja – cada uno de los dos animales que se juntan para tener crías.

propulsar – lanzar hacia delante.

único – diferente, que no hay igual.

Índice

¡Visita nuestra página **abdokids.com** para tener acceso a juegos, manualidades, videos y mucho más!

Los recursos de internet están en inglés.

Usa este código Abdo Kids

ADK6301

¡o escanea este código QR!